Rédaction : Agnès **Vandewiele**
Direction éditoriale : Françoise **Vibert-Guigue**
Édition : Brigitte **Bouhet** et Michèle **Lancina**
Direction artistique, conception graphique et réalisation :
F. **Houssin** & C. **Ramadier** pour **Double**, Paris.
Direction de la publication : Dominique **Korach**
Fabrication : Jacques **Lannoy**

© Larousse/VUEF 2003
21, rue du Montparnasse 75 006 Paris. ISBN 203 553 063 6. Imprimé en France
Photogravure Passport. Dépôt légal : septembre 2003. N° de projet 10099604.
Conforme à la loi numéro 49 956 du 16 juillet 1949 sur les publications destinées à la jeunesse

MES PETITES ENCYCLOPÉDIES LAROUSSE

# Bonne nuit !

Illustré par **Vincent Desplanche**

LAROUSSE

# Il fait nuit

Le soleil s'est couché.
Il fait **noir** dehors.
La nuit est là.
Dans la maison,
on allume les **lumières**.

# Pourquoi fait-il nuit ?

Dans la journée, le **Soleil** nous éclaire.
Mais comme **la Terre tourne devant le Soleil**,
le soir il ne nous éclaire plus : c'est la nuit.

Et chaque jour ça recommence.

Il y a toujours une moitié de la Terre **au Soleil** et une moitié **à l'ombre**.
Quand il fait **jour** en **Europe** et en **Afrique**,
il fait nuit en **Australie** et en **Asie**.

# La nuit des étoiles

étoile Polaire

Quand la nuit est belle, des **milliers d'étoiles** scintillent dans le ciel. L'**étoile Polaire** est très brillante. Elle indique la direction du nord. Dans le ciel, on voit aussi des **planètes**. Vénus est la plus facile à reconnaître : c'est la première lumière du soir.

# Au clair de la lune

La nuit, la lune aussi éclaire le ciel.
C'est le **clair de lune**.

Tous les jours,
la lune **change** de forme.

Quand la lune est bien ronde,
c'est la **pleine lune**.

Parfois même on ne la voit plus :
c'est la **nouvelle lune**.

**En été**, c'est le contraire.
Le **jour est plus long** que la nuit.
Les soirées sont longues et chaudes.

On voit des lumières
dans l'herbe.
Ce sont les **lucioles**
et les **vers luisants**.

Les petites bêtes
sont attirées
par la lumière.
Attention
aux **moustiques** !

# Bonne nuit !

Le soir on est **fatigué**, notre corps a besoin de se reposer.

On se **frotte les yeux**…

On **bâille**.

Dans la chambre, on tire les **rideaux**.

On se brosse les **dents**.

On fait **pipi**.

On met son **pyjama**.

On prend son **doudou**.
On se glisse dans le lit.
Une histoire. Un **bisou**.

La lumière s'éteint.
On ferme les yeux.
On **s'endort**.

# Un bon sommeil

Pendant que l'on dort, notre corps **se repose**, reprend des **forces**. Et c'est la nuit qu'on **grandit** : pendant qu'on est endormi, le corps fabrique les substances qui font grandir. Même les cheveux et les ongles poussent plus vite la nuit !

D'autres font très **peur** : ce sont des **cauchemars**.

# Que font-ils la nuit ?

Le **chat** se promène sur les toits, il **chasse** les souris dans le jardin. Il **voit très bien** dans le noir.

Le **chien dort** dans sa niche. Parfois **il rêve** : il sursaute, il remue les pattes.

Le **hamster** s'agite dans sa cage : il grignote, il fait de la gymnastique avec sa roue…

Le **poisson rouge** flotte dans son bocal.
Le **canari** dort sur son perchoir.

C'est souvent la nuit que naissent les **bébés animaux**.

# Dans le jardin

Les plantes aussi se reposent. Les **tournesols** baissent la tête.

Le **crapaud** coasse.

Les **limaces**, les **vers de terre**, les **escargots** se promènent dans l'herbe. Le matin, on voit leurs traces brillantes.

# Ils **vivent** la nuit

Beaucoup d'animaux attendent la **tombée de la nuit** pour sortir de leur **cachette**.

Les **lapins** se régalent d'herbes et de feuilles.

Les **chauve-souris** dévorent des milliers d'insectes.

Le **loup** et le **renard** chassent.

Le **hibou** voit dans le noir et entend tous les bruits.

Le **castor** construit son barrage.

Dans le désert, la nuit, il fait beaucoup moins chaud que le jour. Le **fennec** et la **gerboise** peuvent enfin sortir de leur abri.

L'**hippopotame** n'aime pas le soleil. Il ne sort de l'eau que la nuit, pour aller brouter l'herbe de la savane.

# Ils **travaillent** la nuit

les **marins-pêcheurs**

les **routiers**

les **médecins** et les **infirmières** à l'hôpital

les **boulangers**

les **pompiers**

# La ville, la nuit

Les **lampadaires** et les **enseignes** éclairent les rues.
Les gens vont au restaurant, au café, au cinéma, au théâtre, au concert…
Ils se promènent, ils dansent.

# À chacun son lit

On peut dormir…

Bien au chaud **sous la couette**, avec son doudou.

Dans une **couchette de train**.

Dans une **cabine de bateau**.

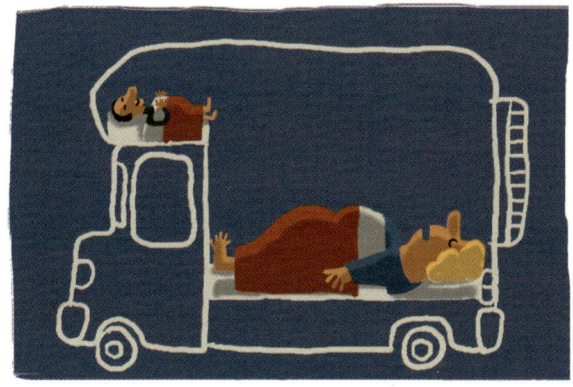

Dans un **camping car**.

Dans un **hamac**,
comme les Indiens d'Amazonie.

Sur un **futon**, comme au Japon.

Sous la **tente**,
dans un sac de couchage.

**Accroché** à la montagne.

Dans la **cabine du camion**.

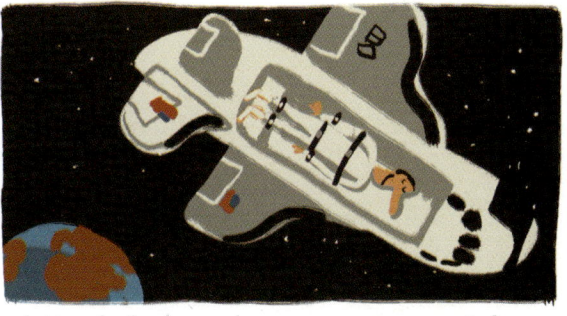
Attaché dans la **navette spatiale**.

Le **paresseux** dort suspendu à une branche.

# Comment dorment les animaux ?

Les **chauve-souris** dorment le jour, la tête en bas.

L'**orang-outang** refait son lit tous les soirs.

L'**éléphant** se couche et ronfle.

La **girafe** dort debout.

Le **papillon** replie ses ailes et s'accroche à une branche.

Les **fourmis** s'accrochent les unes aux autres.

Les **manchots** dorment debout, serrés les uns contre les autres pour avoir moins froid.

La **baleine** se laisse flotter sous la surface de l'eau.

Le **requin** dort en nageant, pour ne pas couler.

Le **flamant rose** dort sur une seule patte, les yeux ouverts.

# Le jour se lève

**En été** il fait **déjà jour** quand on se lève.

Mais **en hiver** il fait encore **tout noir**.

On a envie de faire **pipi**.

On s'embrasse pour se dire **bonjour**.

On a très faim :
on prend son **petit déjeuner**.

On fait sa **toilette**.

On **s'habille**
et on prépare son **cartable**.

Vite, en route pour **l'école** !
Bonjour les copains !

# Des nuits extraordinaires

## La nuit **polaire**

Le Soleil ne se lève pas pendant tout l'hiver. La nuit dure **6 mois** !

## La **sainte-Lucie**

En Suède, le 13 décembre, c'est la **fête des lumières**. Les petites filles portent de longues robes blanches.

## La **saint-Jean**

Le 24 juin est le **jour le plus long** de l'année. On allume un grand feu pour danser autour.

## Noël

Le **Père Noël** dépose ses cadeaux au pied du sapin.

## Le **nouvel an**

Le 31 décembre, à **minuit**,
on s'embrasse
pour se souhaiter une **bonne année**.

## Le **Carnaval** de **Venise**

Dans le noir, on ne reconnaît
personne sous les **masques**…

## Halloween

C'est la grande **nuit des sorcières** !
Les enfants se déguisent
et réclament des bonbons.

## La nuit de la **petite souris**

Elle vient chercher la **dent**
cachée sous l'oreiller
et la remplace par un **cadeau**.